# DEPENDÊNCIAS QUÍMICAS

## A difícil tarefa da prevenção

GILDA PULCHERIO

# DEPENDÊNCIAS QUÍMICAS
A difícil tarefa
da prevenção

© 2013 Casapsi Livraria e Editora Ltda.
É proibida a reprodução total ou parcial desta publicação, para qualquer finalidade, sem autorização por escrito dos editores.

| | |
|---|---|
| **1ª Edição** | *2013* |
| **Diretor Geral** | *Ingo Bernd Güntert* |
| **Publisher** | *Marcio Coelho* |
| **Coordenador Editorial** | *Fabio Alves Melo* |
| **Produção Editorial e Capa** | *Casa de Ideias* |

---

**Dados Internacionais de Catalogação na Publicação (CIP)**
**Angélica Ilacqua CRB-8/7057**

Pulcheiro, Gilda
 Dependências químicas: a difícil tarefa da prevenção /
Gilda Pulcheiro. - São Paulo : Casa do Psicólogo, 2013. –

ISBN 978-85-8040-025-0

1 . Dependência química : prevenção; 2. Conscientização;
3. Adolescência; 4. Propaganda sem álcool I. Título

| 12-0397 | CDD 613.80981 |
|---|---|

**Índices para catálogo sistemático:**
1. Abuso de substâncias – Brasil - prevenção

**Impresso no Brasil**
*Printed in Brazil*

*As opiniões expressas neste livro, bem como seu conteúdo, são de responsabilidade de seus autores, não necessariamente correspondendo ao ponto de vista da editora.*

Reservados todos os direitos de publicação em língua portuguesa à

**Casapsi Livraria e Editora Ltda.**
Rua Simão Álvares, 1020
Pinheiros • CEP 05417-020
São Paulo/SP – Brasil
Tel. Fax: (11) 3034-3600
www.casadopsicologo.com.br

*Para o Daniel*

# PREFÁCIO

Para quem atua na área da dependência química, é sempre uma satisfação ler um trabalho qualificado e voltado para informar à população como um todo, e não apenas aos profissionais envolvidos.

Como médico psiquiatra e pesquisador, semanalmente leio trabalhos científicos que em muito nos esclarecem sobre os mecanismos neurofarmacológicos do álcool e de outras drogas, e também nos atualizam das estatísticas do consumo dessas substâncias psicoativas.

A cada novo estudo epidemiológico, verificamos, de forma assustadora, o aumento do consumo de álcool e drogas, especialmente entre os jovens. No entanto, exceto por manchetes – muitas vezes trágicas – veiculadas na mídia, e por raros artigos ou entrevistas com profissionais, poucos são os trabalhos de qualidade dirigidos aos leigos, aos pais e familiares que sofrem com usuários e dependentes, aos professores que não sabem lidar com essa verdadeira "epidemia" entre seus alunos, e à população, que sofre com o aumento da violência, dos acidentes de trânsito e da criminalidade relacionada a esse consumo.

Este livro, *A difícil tarefa da prevenção*, de autoria da colega e amiga dra. Gilda Pulcherio, vem preencher esse espaço. Escrito em uma linguagem fácil, em que o leitor sente como se estivesse "conversando" com a autora – mas ao mesmo tempo recebendo informações e dados de extrema relevância científica –, Gilda expõe o quadro atual em nosso país, esclarece os principais problemas que dificultam a prevenção e a redução do consumo de álcool e outras drogas, e, ainda, sugere medidas práticas apontadas por diversos estudos, voltadas à prevenção e melhoria da saúde mental de nossa população, estimulando a discussão desse grave problema social.

Tenho certeza de que o leitor, assim como eu, terá momentos bastante agradáveis. No final, terá mais condições para refletir sobre a melhor forma de dar a sua contribuição, seja na esfera familiar, escolar ou social.

Somente assim, com a participação de cada um e de todos, profissionais e leigos, poderemos aprimorar a aplicação de estratégias e políticas públicas voltadas para a redução do consumo de álcool e outras drogas.

Uma ótima leitura a todos!

Marcos Zaleski

# APRESENTAÇÃO

Em 2000, eu e alguns colegas fundamos o Instituto de Prevenção e Pesquisa em Álcool e outras Dependências – IPPAD. Queríamos trocar com a comunidade conhecimentos e experiências relacionados à prevenção das dependências químicas. Éramos poucos, mas com limites claros iniciamos alguns projetos. Deparamo-nos com mais fatores de risco que de proteção ao uso de substâncias psicoativas. Havia escassez de verbas, de recursos e de políticas públicas eficientes para essa área.

Porém, talvez pela *angústia* com a realidade, essa foi, coincidentemente, uma década pródiga em nosso país. Houve mobilização do Norte ao Sul, intensificou-se o conhecimento a respeito das dependências químicas e inúmeras leis foram promulgadas em quase todos os estados. O binômio álcool-trânsito estava insustentável, com suas nefastas consequências. E, embora ainda haja muito por fazer, em alguns estados já emergem resultados satisfatórios.

Pode-se dizer que *A difícil tarefa da prevenção* é resultado dessa década. A mídia, impressa e televisiva, deu amplo apoio. Entre outros, o jornal *Zero Hora* nos cedeu espaço em sua página "Opinião", publicando os artigos contidos neste livro. Ele reproduz um esforço conjunto e contínuo e retrata a caminhada e as conquistas que, mesmo duradouras, não são definitivas.

Atualmente, entre as medidas adotadas para a realização da Copa do Mundo de 2014, o governo cogita liberar o consumo de bebidas alcoólicas nos estádios de futebol mesmo com leis específicas e proibitivas em vários estados. A esses estados cabe a decisão de revogar ou não a referida lei. Isso mostra que as conquistas não são inabaláveis e as políticas públicas estão vinculadas aos interesses governamentais. Há, ainda, muito a caminhar!

Na pessoa da prof.ª Hilda Kusner, grande entusiasta dos artigos, agradeço aos colegas das áreas de saúde, educação, direito, entre outras, que acreditaram no IPPAD e seguem voluntariamente investindo nele. À dra. Carmen Vernetti, ao dr. Marcelo Schmitz e à advogada Ana Girotto, que estão no IPPAD desde sua fundação, pelo companheirismo de 12 anos.

Pelo que soubemos, o material aqui contido foi utilizado em muitas escolas para trabalho com alunos e mesmo entre professores. Este projeto segue com seu objetivo, e muitos têm se sensibilizado com a necessidade de atenção à prevenção do uso indevido de substâncias psicoativas por nossa sociedade. Acreditamos que "é preciso conhecer para transformar".

Agradeço, especialmente, ao dr. Marcos Zaleski, um estudioso e pesquisador das dependências químicas, pelo pronto atendimento ao convite do prefácio e tempo pacienioso na leitura dos artigos.

Ao *Zero Hora* e aos editores da página "Opinião", pelo espaço aberto a nós e a tantos outros interessados.

Finalmente, à Casa do Psicólogo, minha gratidão pelo renovado apoio.

# SUMÁRIO

**1** As mutilações da adolescência 17

**2** Não basta amar, é preciso cuidar! 25

**3** Não experimenta 33

**4** Fumar *baseado* não faz mal.
*Baseado* em quê? 39

**5** Pai, afasta de mim este cálice! 45

**6** Propaganda sem álcool 51

**7** Limites, com afeto 57

**8** Fim da consumação! 63

**9** Não dá em nada? 69

**10** A difícil tarefa da prevenção 75

**11** Para viver melhor! 81

**12** Conscientização 87

**13** Lamentável! 93

**14** 26 de junho 99

**15** Até quando? 105

**16** É de se festejar! 111

# SUMÁRIO

*Capítulo 1*

# AS MUTILAÇÕES DA ADOLESCÊNCIA

Sabe-se que o álcool é tão antigo quanto a humanidade, e quase todas as pessoas conhecem seus efeitos. Porém, seu abuso tornou-se uma questão de saúde pública. Hoje em dia, o que preocupa a todos é como o uso e o abuso do álcool está acontecendo entre os adolescentes. As últimas pesquisas feitas nas principais capitais de nosso país, com estudantes de 10 a 18 anos, alunos do 1º e 2º graus, têm mostrado que 80% desses jovens já experimentaram álcool e que a grande maioria o fez aos 10-12 anos. O álcool é a droga mais amplamente usada, estando muito à frente do tabaco (cigarro), que aparece em 2º lugar. Dos estudantes de 1º e 2º graus, 20% estão fazendo uso frequente, ingerindo algum tipo de bebida alcoólica, mais de seis vezes por mês. Um grande número deles já bebeu até se embriagar.

Em nossa sociedade, o primeiro "porre" é popular, aceito socialmente e até encorajado por muitos. Para alguns, o uso do álcool ainda é um sinal de masculinidade, e para outros, é quase um ritual de passagem da adolescência para a vida adulta, visto com charme e excitação. O que poucos se dão conta é que o "porre" é uma clara situação de abuso do álcool. Um terço dos adolescentes entrevistados relatou já ter tomado pelo menos um porre, e 60% dos mais velhos, de 16 a 18 anos, referem, no mínimo, um porre. Os meninos afirmam um consumo maior que as meninas, e os mais velhos (16 a 18 anos) dizem beber até mais de cinco garrafas de cerveja em uma ocasião.

Poucos sabem que a frequência dos "porres" tem relação com o desempenho escolar. Os jovens que apresentam mais repetência e abandono escolar são os que relatam mais "porres". O uso de drogas ilícitas ou lícitas, como o álcool, tem relação com a falta às aulas, dificuldade de concentração, falta de motivação para os estudos, brigas familiares etc. E muitos que participam de uma "cervejinha" e, no dia seguinte, têm dor de cabeça, mal-estar, náuseas ou vômitos, não aceitam que estão de "ressaca". Menos ainda são os que reconhecem que seu beber já é problemático. Não se perguntam por que desejam a "tonturinha" ou por que querem "encher a cara".

Os adolescentes – e não podemos esquecer que estamos falando, também, de crianças de 10 anos de idade –, buscam as drogas pelas mais variadas razões. Em nenhum momento nos esquecemos do tabaco, da maconha, dos inalantes, da cocaína, do crack ou de todas as outras drogas. Só não vamos falar sobre as "outras" drogas aqui, pois não é nosso objetivo e, de longe, o álcool é a mais consumida.

Uma pesquisa feita em 1992, com 5.692 adolescentes, estudantes da rede estadual de ensino de Porto Alegre, verificou um aumento significativo e preocupante no consumo de álcool entre os jovens, comparando com informações de pesquisas de 1987 e 1989. Em geral, os jovens começam a beber porque querem conhecer o álcool, pensam que é isso que os adultos esperam deles, buscam seu efeito euforizante, querem novidades, sensações, criar coragem. Também bebem porque desejam preencher o vazio interno, deixado pelas dúvidas, incertezas, exigências da vida e pelo medo de não ser capaz, de não conseguir! Também querem "afogar" a timidez, a ansiedade, a depressão e o estresse. No fim, eles até conseguem "afogar" por um momento, mas depois disso o que fica é o gosto amargo da chateação, da culpa, do mal-estar. Quem não sabe o que é isso?

A ingestão de duas cervejas já causa desinibição social, modifica o juízo crítico e diminui a coordenação motora. Alguns estudos comprovam que mais da metade dos adolescentes bebem antes de sua primeira relação sexual e ignoram o preservativo, ficando expostos à gravidez indesejada ou ao vírus da AIDS.

Uma das consequências do abuso do álcool é a violência no trânsito que coloca, tristemente, nosso país entre os campeões mundiais de acidentes de trânsito. No Brasil, a grande maioria dos acidentes envolve o abuso do álcool. Aquele que escapa com vida é candidato a integrar o batalhão de mutilados. Pesquisas que comparam adolescentes norte-americanos e latinos comprovam que os adolescentes latinos se embriagam muito mais que os norte-americanos.

Tudo isso tem levado alguns países europeus e estados norte-americanos a discutirem a idade para a carteira de motorista. Querem reformular a legislação instituindo os 21 anos como idade mínima para a carteira de habilitação. Com isso, desejam diminuir os acidentes e as mortes no trânsito que ocorrem, em sua maioria, com os jovens. Países como a Noruega, a Finlândia e o estado de Massachusetts (Estados Unidos) restringiram a venda e a propaganda de bebidas alcoólicas. Conseguiram diminuir, de forma relevante, o número de acidentes e agressões.

Se as pessoas e, principalmente, os jovens conseguissem suportar a avalanche de pressões sociais para beber, que passam pelo ambiente familiar, companheiros e mídia, com certeza diminuiríamos o número de mortes de homens e mulheres abaixo dos 40 anos. Pois o uso do álcool está associado ao aumento da mortalidade nessa faixa etária, mesmo em baixos níveis de consumo.

E o que poderíamos fazer? Quem sabe ser educado a recusar bebidas alcoólicas, ou conhecer bem o próprio limite e parar antes da "tonturinha"? Nunca beber se estiver grávida e *jamais* se for dirigir? Com toda a certeza, se conseguíssemos essas mudanças, assim como conseguimos com o cinto de segurança, não iríamos lamentar tantos talentos desperdiçados ou destruídos *só porque beberam um pouco mais.*

27/06/2000

*Capítulo 2*

# NÃO BASTA AMAR, É PRECISO CUIDAR!

Todos nós conhecemos a máxima "é melhor prevenir do que remediar". E por que, então, ela não funciona como deveria? É intensa a busca por entender o descaso na área das dependências químicas. A impressão é que aquela negação (mecanismo de defesa), tão peculiar aos bebedores, contamina a todos – familiares, colegas, amigos, sociedade. Esta última, então, em total impotência, cogita muitas vezes a liberalização das drogas. Sem saber que a grande maioria dos países que o fez conseguiu apenas conhecer seus usuários. Os governos reduzem a verba para a saúde, inviabilizando programas efetivos e duradouros, enquanto assistimos ao efetivo e duradouro desvio da verba pública. Um descaso pelo qual governo e sociedade pagam um preço muito alto.

Os dados que emergiram do 1º Levantamento Domiciliar sobre o Uso de Drogas Psicotrópicas no Brasil (2001) mostram a região Sul com a maior prevalência, 12,8%, de dependentes de tabaco. O uso de maconha, 8,4%, e de cocaína, 3,6%, são as maiores taxas do Brasil. O Rio Grande do Sul é o líder. Fala-se no poder aquisitivo mais alto dos gaúchos, o que certamente não justifica o grande uso pelas classes sociais de renda mais baixa. E se pensarmos também na permissividade da sociedade gaúcha? É sobejamente conhecido o papel da cultura e dos hábitos de uma sociedade para a prevalência de drogas que ela ostenta.

Certamente, se dedicarmos um olhar a nós e a nossos filhos, vamos relembrar as infrações de trânsito cometidas pelos adultos, o dirigir após beber, o permitir que o filho ou a filha dirijam, menores e sem carteira, a liberdade total e sem controle no período de veraneio, como se a vida fosse acabar na volta às aulas. Muitos pais se sentem desautorizados, constrangidos e, consequentemente, culpados ao exercerem sua autoridade com os filhos porque abusam do álcool, porque fumam ou porque usam drogas ilícitas. Não se sentem bons modelos parentais para coibir os desvios de comportamento de seus filhos. Até quando vamos assistir com descaso e aceitar nossos jovens sendo trazidos para casa alcoolizados, dizerem que baseado faz menos mal que o cigarro ou ficarem desidratados pelo ecstasy? Pais e filhos negam, fazem vista grossa, ignoram as consequências e, quando se dão conta, para muitos, é tarde demais.

O Instituto Nacional do Câncer (Inca) projeta que 30% dos principais cânceres que se desenvolverão no decorrer deste ano devem-se ao tabagismo. O câncer de pulmão deverá levar 16.230 pessoas ao óbito. E as fábricas de cigarro, em sua "responsabilidade social", não oferecem leitos hospitalares para os que dolorosamente sofrerão e morrerão pelos malefícios do fumo. O que estamos esperando? E a máxima "é melhor prevenir do que remediar"?

Deixando de lado as mais variadas razões do motivo por que, para inúmeras pessoas, ela não funciona, o esquecimento dessa máxima implica ter de carregar para o resto da vida uma doença crônica, ou morrer por ela, que certamente poderia ter sido evitada. E como prevenir? Quem sabe o primeiro passo seja conversar com os filhos sobre suas vidas, acompanhar, participar na escola, por mais chato que pareça, conhecer seus amigos, supervisionar, ajudar e ensinar a superar as dificuldades. As crianças e os adolescentes gostam muito de ver os pais em "sua" escola. Mesmo dizendo que não, sentem o interesse dos pais por eles.

A prevenção começa em casa. A família tem a primeira responsabilidade social com o futuro cidadão. Ser um bom modelo de identificação para os filhos, mesmo que não seja por inteiro – perfeição não existe –, deve ser uma preocupação dos pais e é o mínimo que podem fazer para exigir que eles cumpram com seus deveres. A busca de orientação e ajuda, quando necessária, é fundamental. Então haverá redução da demanda, da violência, da criminalidade. E saber que há esperanças, sim, que há bons resultados, sim. Os milhares de exemplos mostram isso. Basta ter a coragem de "não se entregar" e acreditar firmemente que não basta amar, é preciso cuidar!

06/08/2003

*Capítulo 3*

# NÃO EXPERIMENTA

Foi excessivamente comentada a propaganda de determinada bebida alcoólica, com o bordão "Experimenta!". Quando nos aproximamos do final do ano é comum haver um "inventário moral" de nossas atitudes, e feliz quem possui um razoável senso crítico e consegue concluir com um saldo positivo. Pois, na questão das drogas, os bons resultados têm sido escassos e o saldo tem sido negativo, com muitas perdas. O grande vilão desse desastre nacional, sem sombra de dúvidas, é o álcool: a porta de entrada para as demais drogas.

O Estudo Multicêntrico de Morbidade Psiquiátrica em Áreas Urbanas Brasileiras (Brasília, São Paulo, Porto Alegre), publicado em 1992, mostrou o alcoolismo como o distúrbio mental de maior expressão para os porto-alegrenses, com 9% da população, chegando a 16% para o sexo masculino. A experimentação de drogas pelos estudantes de 1º e 2º graus da rede pública de Porto Alegre cresceu em 1.400% para a cocaína, 220% para a maconha e 112% para o tabaco, entre 1987 e 1997. Hoje em dia, certamente, cresce ainda mais.

No ano passado, a Unesco divulgou uma pesquisa com alunos da rede pública e privada de catorze capitais do Brasil, ratificando Porto Alegre como a capital em que mais se consome drogas. Trinta por cento das crianças de 10 a 12 anos relatam fazer uso regular de cerveja. Como se isso não bastasse, temos de assistir a nossa casa sendo invadida pelo convite "Experimenta!". O projeto norte--americano Monitorando o Futuro nos informa que a experimentação de drogas entre seus adolescentes vem diminuindo na última década, sendo que, de 2001 para 2002, houve uma redução significativa no uso e na experimentação de álcool, tabaco, maconha e ecstasy em vários estados. Obviamente, após um forte trabalho preventivo de anos.

É nosso dever relembrar os acidentes e as mortes no trânsito, as brigas, as agressões, o abuso infantil, a violência doméstica. Todos têm o álcool envolvido. Os gastos com tratamentos que, para muitos, não terá resultado algum. Além de tudo isso, a vergonha da falta de comprometimento dos governantes com essa questão milenar que corrói os alicerces de qualquer sociedade.

E o comprometimento dos pais? O que eles têm feito? Hoje, não só os profissionais da saúde e educação, mas até os operadores do direito, sentindo-se impotentes com os jovens infratores, invocam a parentalidade, e, principalmente, a paternidade na busca de controlar uma situação que parece não ter freio. Todos precisam ser aliados. Os filhos dão trabalho, sim. Para alguns pais, dão um grande trabalho. E é desde pequenininhos, ao verem os pais bebendo, que eles devem ouvir: "não experimenta!" ao pedir para provar a espuminha. Porque, se de um lado os pais devem ensinar que tudo na vida tem um momento certo, por outro lado ensinam que as leis existem não para serem infringidas, mas respeitadas, como exige a vida em sociedade. Criança não pode beber bebida alcoólica, não pode dirigir automóvel, não pode votar.

Assim, crianças e adolescentes também não podem ter liberdade total e sem controle por estarem de férias. Grande número de nossos estudantes tem sua iniciação nas drogas pelo álcool, na praia, como a mídia já tem divulgado. Os pais devem saber o que os professores já sabem há muito tempo – lá também mora o perigo. Então, a melhor prevenção de drogas é estar próximo, conversar, acompanhar, conhecer e saber que jamais saberão de tudo. E dizer e repetir, e repetir: "Não, não experimenta!".

18/12/2003

## Capítulo 4

# FUMAR *BASEADO* NÃO FAZ MAL. *BASEADO* EM QUÊ?

Utilizando-me, com permissão, do belíssimo título que um colega usou em seu artigo sobre os malefícios do uso da *cannabis*, gostaria de chamar a atenção para uma questão que em voga ultimamente: a liberação da maconha. O que se vê é um grande número de pessoas, algumas públicas, dizendo-se a favor de liberar o uso, a exemplo do álcool e do tabaco. E o pior: dizem que nada sabem sobre drogas, mas são a favor. Como se álcool, tabaco e maconha fossem drogas inofensivas. Como se não bastassem os estragos causados pelas drogas lícitas, vamos tornar lícitas as ilícitas?

O que me pergunto é se o foco da discussão não deveria ser outro. A maconha não está liberada para quem? Sabidamente, para quem não quiser fumar. A maconha está à solta em nossas ruas

*Gilda Pulcherio*

e parques, como a imprensa já tem sobejamente divulgado. Porto Alegre se transformou na capital brasileira em que mais se fuma maconha. Em 1997, no IV Levantamento sobre o Uso de Drogas entre Estudantes de 1º e 2º graus, em dez capitais brasileiras, ficou atestado que o *uso de maconha* aparecia em primeiro lugar apenas na cidade de Porto Alegre.

Quase dez anos depois, ainda vamos falar em "liberar" a maconha para nossas crianças e adolescentes? Essa é a faixa etária que usa essa droga. E, se ela for liberada, será permitido fumar maconha nos lugares em que é permitido fumar cigarro de tabaco ou nas escolas, em casa, nos shoppings e nas danceterias? Teremos de iniciar outra luta insana para prevenir seus malefícios ou para que os direitos dos que não fumam sejam preservados? Os defensores dizem, então, que ela poderá ser controlada com a criação de mecanismos específicos, adotados por países "desenvolvidos" (do tamanho de um estado brasileiro), e que sua liberação vai acabar com a guerra do narcotráfico. O que me pergunto é se essas pessoas acreditam mesmo no que dizem.

Talvez, o foco da discussão deva ser outro. Parece-me que deveria ser a nossa incapacidade de controlar o uso de maconha pelos jovens, o uso de álcool pelos adultos, as mortes no trânsito causadas pelas drogas e a violência nas escolas. E, como se isso não bastasse, queremos liberar a maconha. Depois vamos liberar também a cocaína, para diminuir a criminalidade? E a heroína, que começou a aparecer nas últimas pesquisas? Isso sem falar nos solventes entre os meninos de rua. Mas muito pouco se fala neles: "O silêncio dos solventes", como uma colega titulou seu artigo. Tão silencioso como são esses excluídos! Eu, obviamente, sou contra, e para os que não sabem deixo uma informação que consta no artigo de meu colega do título, Mauro Soibelman, comparando os malefícios da maconha com o cigarro: "o volume inalado nos baseados é mais de *duas vezes maior*, o volume tragado *um terço maior*, e o tempo de retenção da fumaça no trato respiratório inferior *quatro vezes mais longo* que com cigarros de tabaco".

Convido a todos, no dia 26 de junho, Dia Mundial de Combate às Drogas, a pensarem sobre o tema. Para ler, conhecer, conversar com jovens usuários, dependentes e, principalmente, com a *grande e imensa maioria de jovens que não é usuária*, pois não é verdade que todo mundo fuma maconha! Informar-nos sobre os riscos e consequências, para sabermos, então, se vale a pena liberar. Mas não sem antes tentar entender por que não conseguimos controlar!

25/06/2004

*Capítulo 5*

# PAI, AFASTA DE MIM ESTE CÁLICE!

Lembrando Chico Buarque, um orgulho nacional, gostaria de trazer à discussão um tema que me inquieta há muito: a prescrição de um cálice de vinho tinto às refeições. Muitos têm esse hábito porque faz bem para o coração ou por recomendação médica, depois de surgirem pesquisas comprovando seus benefícios. No entanto, será que essas pessoas se perguntam por que não o vinho branco ou a cachaça, que é mais barato, se é o álcool que faz bem ao coração? Duvido! Enquanto bebem prazerosamente, desconhecem ou negam o alto custo que terão de pagar se passarem a dois, depois três, ou quatro cálices ao dia, se porventura chegarem à dependência do álcool.

O que não tem sido suficientemente dito é que a indicação do vinho tinto não se deve ao álcool, mas à uva preta, que contém uma substância chamada resveratrol, com grande poder antioxidante e anti-inflamatório.

Com o título "Suco de uva faz bem para o coração", o caderno *Vida* (20/9/03) traz uma matéria com pesquisadores gaúchos da PUC-RS na qual mostram que os vinhos contêm 1,5 mg/L de resveratrol, os sucos comerciais, 1mg/L, e os sucos ecológicos, 2,8 mg/L. Recomenda que a principal vantagem do consumo do suco em relação ao vinho é o fato de o suco não conter álcool, que, por sua vez, impede o consumo de vinho por pessoas com problemas como hipertensão e distúrbios do alcoolismo, por exemplo. Acrescento que essas são duas patologias que têm o álcool como fator causal.

Também do caderno *Vida* (2/10/04), a informação "Vinho contra o câncer de próstata", do *International Journal of Cancer*, diz que "o vinho branco e outras bebidas alcoólicas não revelaram nenhum benefício, levando os pesquisadores a teorizar que um antioxidante encontrado no vinho tinto, o resveratrol, possa ser o responsável pelo efeito positivo". E mais, "os pesquisadores estão relutantes ao recomendarem o uso de álcool, devido aos problemas de saúde que podem ser provocados pela bebida". Finalmente!

Quem sabe não está mais que na hora de termos consciência de nossa responsabilidade no que dizemos e fazemos, responsabilidade no exemplo que damos à enorme porcentagem (30%) de crianças brasileiras, de 10 a 12 anos, que têm o álcool em sua dieta regular e que, ainda, relatam suas preferências por cerveja ou vinho, como as pesquisas têm comprovado. Responsabilidade nos acidentes de nosso trânsito, pois, enquanto em outros estados os homicídios são a principal causa de mortes não naturais entre jovens de 15 a 24 anos, no Rio Grande do Sul, são os acidentes de trânsito. Como sabemos, álcool está envolvido na imensa maioria deles.

Como instruir crianças e adolescentes a não usarem bebida alcoólica antes dos 18 anos, falar sobre as consequências do uso de drogas e dos riscos de dirigir sob o efeito de álcool ou maconha, se a grande maioria teve sua iniciação em casa, experimentando cerveja no churrasco de domingo com pais que eles viram beber além da conta em festas e que os trouxeram para casa dirigindo alcoolizados?

Não há duvidas de que, se quisermos auxiliar os jovens, temos de modificar o comportamento de muitos adultos. Não adianta viver mais se não for para viver bem. Portanto, vamos começar trocando o vinho tinto nas refeições por suco de uva. O segredo da longevidade com saúde não está no álcool, mas na substância chamada resveratrol. Então, se você quer fazer o bem ao seu coração, à sua próstata, ao seu cérebro, aos seus filhos, à sua vida, comece trocando o cálice de vinho tinto por suco de *uva preta*!

16/10/2004

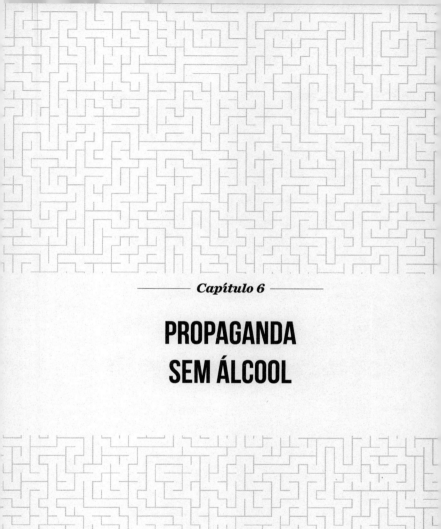

*Capítulo 6*

# PROPAGANDA SEM ÁLCOOL

Com o turbilhão político que assola o país, o que deveríamos refletir é que o melhor combate é a prevenção! Depois, resta correr atrás do prejuízo.

"Propaganda sem álcool" é uma campanha que percorre o Brasil, fruto da união da Aliança Cidadã pelo Controle do Álcool (ACCA) com o Conselho Regional de Medicina de São Paulo (Cremesp), tendo à frente nosso colega, o dr. Ronaldo Laranjeira, da Universidade Federal de São Paulo (Unifesp). E o IPPAD é um dos aliados. Estamos coletando assinaturas pela aprovação integral, no Senado, do projeto de Lei nº 35, que restringe a propaganda de bebida alcoólica das 6 da manhã às 9 da noite, horário em que nossas crianças estão diante da televisão e, conforme demonstrado, por tempo demais em relação a ou-

*Gilda Pulcherio*

tros países. De acordo com a pesquisa, essas crianças sofrem estímulos da propaganda.

Os prejuízos com o uso e abuso do álcool são incalculáveis, e estima-se que cheguem a 8% do PIB. Fala-se em beber moderadamente, mas o que é isso? De acordo com a Organização Mundial de Saúde, é ingerir até três latas de cerveja em uma ocasião. A partir daí, há intoxicação, de acordo com a tolerância adquirida de cada um. Então, temos uma ideia do abuso do álcool. Cerca de 60% dos acidentes automobilísticos são provocados pelo álcool, aparecendo em 70% dos laudos de mortes violentas.

Se quisermos prevenir o uso de outras drogas, o abandono de crianças, os homicídios, o abuso sexual infantil, a violência doméstica e as mortes no trânsito, temos de prevenir o uso de álcool por nossas crianças e adolescentes. Até porque há uma proibição legal e um custo penal. Se quisermos prevenir "porres" no domingo, faltas ao trabalho na segunda-feira, hipertensão arterial, gastrites, pancreatites, cirroses e atendimentos na rede pública, temos de prevenir o abuso de álcool. Além dos custos sociais e, para muitos, custo penal, os adultos são o exemplo e a esperança de nossos jovens. Se quisermos impedir mais um turbilhão, temos de prevenir!

A campanha da Aliança Cidadã pelo Controle do Álcool reivindica o direito de viver em uma sociedade livre das consequências do uso abusivo do álcool, tais como acidentes e atos de violência; que sejam oferecidas informações confiáveis sobre os efeitos nocivos do consumo do álcool; que crianças e adolescentes não sejam expostos a propagandas que incentivem o consumo de bebidas alcoólicas e, por fim, mas não menos importante, que todas as pessoas dependentes de álcool tenham acesso a um tratamento digno e adequado.

25/06/2005

*Capítulo 7*

# LIMITES, COM AFETO

*Carpe diem*, aproveite o dia! É a mensagem do belíssimo filme *Sociedade dos Poetas Mortos*, que revi recentemente. Bem oportuno quando retomamos o ano letivo. Todos deveriam assisti-lo e refletir. Assim, como deveríamos refletir sobre o que nos revela a prova do Enem com as escolas militares liderando as melhores colocações das escolas públicas. O que ambos têm em comum? A relação escola-professor-aluno.

O filme mostra o "tacão do adulto sobre a criança indefesa", como referiu Freud, impeditivo de livre expressão. A prova do Enem mostra, quem sabe, o aspecto benéfico da disciplina orientada como tem sido comentada por muitos. Acrescento, quando benéfica, orientada para a criatividade e o crescimento. Mas ainda ficamos desconfortáveis quando pensamos em disciplina. Por que se, se-

*Gilda Pulcherio*

gundo Aurélio, disciplina é "ensino, instrução, educação", ficamos desconfortáveis? Se, para ser médicos, advogados, empresários, jornalistas precisamos de disciplina, se ela é organizadora de nossas rotinas, de nossa personalidade, necessária ao nosso cérebro, por que o mal- estar?

O tema disciplina-indisciplina tem norteado muitas discussões, estudos e trabalhos acadêmicos, sendo uma permanente e louvável preocupação. Porém, ela nos remete à questão dos limites e não queremos limites. Talvez por isso, se observe com tanta frequência atitudes contraditórias em adultos que, em determinados momentos, são tão permissivos e, em outros, tão rígidos e intransigentes. O que pensam nossas crianças e adolescentes quando veem seus adultos discutindo se elas devem apanhar ou não, se a palmada é ou não "educativa"? Se a agressão deve ser oficializada ou não, justo por adultos que não permitem o mesmo consigo quando se comportam mal!

É, temos muito para refletir e buscar mudanças. Mais um ano escolar se inicia e pais, professores e alunos estão preparados? Como pretendem aproveitar seu dia? Com a disciplina que colocou nosso Ronaldinho gaúcho no Barcelona, tantos vestibulandos nas universidades e alunos exitosos na prova do Enem? Esperemos que sim. Que pais e professores consigam trabalhar em conjunto cada um assumindo sua parte, e sejam promotores de valores éticos, de liberdade, de criatividade, de cidadania sem esquecer que tudo isso passa pela prevenção ao uso de drogas, pois não há qualidade de vida sem prevenção de drogas.

Tristemente, Porto alegre é a capital da maconha do país. Até quando vamos aceitar isso? Não basta amar, é preciso cuidar (*Zero Hora*, 06/08/2003). Lar e escola são os locais de excelência para a prevenção. Buscar o entendimento do comportamento da criança ou do adolescente, sem palmadas, é fundamental.

Deve-se saber que as mudanças são lentas e, se atropeladas, podem terminar mal, como tão bem mostrado no filme. E, principalmente, mesmo que tudo pareça em vão, ainda que os alunos continuem chegando à escola com cheiro de cigarro, maconha ou álcool ou até armados, como acontece em algumas, os professores não devem desistir, pois, muitas vezes, esse é o momento do resgate. O momento da disciplina e do limite, com afeto.

Então, quem sabe, se conseguimos diminuir a experimentação do álcool e tabaco por nossas crianças e adolescentes e, num futuro próximo, alcançamos os níveis com o tabagismo em adultos, cujo uso reduziu de 48% na década de 1960 para 23% na atualidade. É isso aí, *carpe diem*!

19/02/2005

## Capítulo 8

# FIM DA CONSUMAÇÃO!

O projeto de Lei nº 89/2005, aprovado recentemente em nossa Assembleia Legislativa, proíbe a "cobrança da consumação mínima nos bares, boates e congêneres em todo o estado do Rio Grande do Sul". A sociedade gaúcha está de parabéns e deve comemorar. Além de Porto Alegre carregar o vergonhoso título de capital da maconha do país, nossas crianças de 10 anos já escolhem entre beber cerveja ou vinho. E, sabemos, o álcool é a porta de entrada para todas as demais drogas.

Há trinta anos a Organização Mundial da Saúde (OMS), coordena um projeto que analisa as evidências sobre as políticas públicas que se mostram eficazes na redução do consumo do álcool. E qual estratégia mais tem funcionado? Legislação! O conhecimento das consequências do abuso do álcool, que tanto empregamos como prevenção e necessidade, não diminui o consumo alcoólico. O que faz as pessoas beberem menos é diminuir sua disponibilidade, o que, penso, não deve ser uma surpresa.

Da parceria entre a OMS e pesquisadores da área das dependências químicas foi lançado, recentemente, o livro *Alcohol: no ordinary commodity* "O álcool não é um produto qualquer", do dr. Thomas Babor *et al.* chamando a atenção para seus danos e custo social, assim como apontando as estratégias que as evidências científicas têm mostrado, sem dúvida, influenciar a quantidade de álcool a ser consumido por uma comunidade.

A aprovação do projeto de Lei nº 89/2005 nos remete diretamente a essas estratégias. Quanto maior a disponibilidade, maior o uso da substância que no caso do álcool "não é um produto qualquer".

Os jovens bebem mais, sim, quando pagam consumação! Isso é público e notório. Bebem mais porque já pagaram, todos dizem isso, é só perguntar a eles. O maior problema relacionado ao consumo do álcool em uma população é a intoxicação ocasional. Ela leva à violência, a agressões, acidentes e mortes no trânsito e tantos outros danos. Prevenir a intoxicação pelo álcool é uma estratégia poderosa para prevenir muitos dos danos caudados pelo álcool, segundo nosso Consenso Brasileiro sobre Políticas Públicas do Álcool, que se baseou no livro de Babor.

E o Instituto de Prevenção e Pesquisa em Álcool e outras Dependências (IPPAD), instituição sem fins lucrativos que congrega profissionais da área da saúde, do direito, da educação, e voluntários da comunidade, está sempre pronto a apoiar iniciativas que visem o bem comum, a saúde física e emocional das pessoas. Sabemos que o futuro se constrói no presente e nossas crianças, nossos adolescentes e jovens terão, também, o que deixarmos a eles.

A Lei nº 89/2005 ainda precisa ser sancionada por nosso governador. Mas duvido que ele, nossa primeira dama e todos os demais que estiveram reunidos recentemente, mostrem-se indiferentes a essa lei. Parabenizamos o deputado Paulo Brum e os 26 outros deputados que votaram pela aprovação da Lei nº 89/2005. Vocês votaram a favor de toda uma geração!

29/04/2006

*Capítulo 9*

# NÃO DÁ EM NADA?

Tem sido uma grande preocupação, e as conquistas atuais na legislação mostram isso, o uso e abuso que as pessoas fazem do álcool. No II Fórum Internacional de Saúde e Qualidade de Vida – As Marcas do Álcool, realizado recentemente em Porto Alegre, a discussão foi além de suas consequências bem conhecidas no trânsito. Discutiu-se o quanto o álcool, por ser uma substância psicoativa, causa danos ao cérebro, principalmente dos nossos adolescentes, que ainda estão em processo de maturação.

As pessoas estão bebendo como se o álcool fosse uma droga inócua e como se o chope não contivesse álcool. O que está acontecendo? Falta de informação? Não nos parece o principal fator.

Chamou a atenção de todos o uso de substâncias psicoativas que foi retratado na novela *Pági-*

*nas da Vida*. O personagem Greg, de Rodolfo Mayer, é fumante, bebedor e até abusador do álcool. A personagem de Regina Duarte, Helena, comenta que, em uma festa, "bebeu todas, bebeu mais de seis canecas grandes de chope e não aconteceu nada!". Entretanto de acordo com a OMS, ingestão segura é de duas a três latas de cerveja em uma ocasião, se é que podemos falar de ingestão segura de uma substância psicoativa. De qualquer forma, a Globo deseja mostrar o problema da ingestão do álcool cumprindo com sua responsabilidade social. E nós, cumprimos com a nossa.

Se observarmos bem, veremos que tanto nas novelas quanto no cinema o álcool também tem sido associado a afetos negativos: chateações, tristeza, fracassos, estresse. Parece que estamos todos com dificuldade para administrar nossas emoções desprazerosas e tentamos afogá-las no álcool. Sem sucesso.

O momento atual tem sido de muito suspense para a humanidade. Talvez por isso, hoje, dois bilhões de pessoas consomem algum tipo de bebida alcoólica. Cinquenta e oito milhões estão incapacitadas por esse uso.

O I Levantamento Domiciliar sobre o Uso de Drogas Psicotrópicas no Brasil revelou que a população com idades entre 12 e 65 anos tem 11,2% de dependentes do álcool. Pesquisas isoladas têm mostrado que entre 20% a 30% dos adolescentes e jovens brasileiros abusam do álcool, com todas as suas consequências. Só em doenças clínicas, o álcool é responsável por 250 delas. Isso nos dá a dimensão de por que o Brasil paga 7,3% de seu PIB com os gastos sociais do álcool. São bem mais de 40% de brasileiros a necessitarem de algum tipo de cuidado.

Então seis copos de chope dão, sim, em alguma coisa. Dão um gasto imenso a este país, com muita dor e sofrimento!

14/08/2006

## Capítulo 10

# A DIFÍCIL TAREFA DA PREVENÇÃO

**A**s drogas permeiam a história humana e há registros pré-bíblicos do uso do álcool, assim como da maconha há cerca de 12.000 anos. Ainda hoje, o álcool faz parte de rituais religiosos e discute-se se a maconha deve ser "liberada". Só que, hoje, a maconha chega a ter mais de 20% de THC (responsável pelos efeitos mentais) enquanto em 1960 era de 1%. O álcool, depois de industrializado, passou a ser usado em larga escala. Para alguns autores são as propriedades redutoras do estresse atribuídas ao álcool que levam as pessoas a beber apesar de suas consequências danosas. Para as drogas ilícitas são as crenças positivas em relação ao uso. O álcool é a porta de entrada para todas elas.

O recente V Levantamento Nacional sobre o consumo de drogas psicotrópicas entre estudantes do ensino fundamental, da 5ª série em diante e do nível médio das escolas públicas de 27 capitais brasileiras (2004) mapeia o uso de drogas por alunos na faixa etária de 10 a 18 anos. Detendo-nos somente em Porto Alegre, os alunos gaúchos são os que mais bebem e fumam maconha. O índice de defasagem escolar é altíssimo entre os estudantes, sendo de 16,1% para os que já usaram drogas e 8,1% para os que nunca usaram.

Por que é tão difícil prevenir? Por que vivemos tentando remediar? Por que só corremos quando, muitas vezes, já não há mais o que fazer? Milhares de projetos de prevenção ao uso indevido de drogas são desenvolvidos ao redor do mundo. Poucos são passíveis de avaliação. A OMS tem essa preocupação há mais de 30 anos e, quem sabe, justo porque envolve emoções e comportamento humano, pois quando o superego se embriaga os limites e a adequação desaparecem, a estratégia preventiva mais eficaz para reduzir o consumo de álcool tem sido uma legislação restritiva.

Os países que proibiram a propaganda de bebidas alcoólicas, que estabeleceram níveis baixos de concentração de álcool no sangue para motoristas, que aumentaram a idade mínima para beber, que estabeleceram horário de fechamento dos bares e proibiram a venda de bebida alcoólica a pessoas alcoolizadas, entre outros, conseguiram reduzir o abuso do álcool e suas nefastas consequências.

Então, voltando a nós, quando aprovamos o fim da consumação, restringimos o fumo em recintos fechados, impedimos o consumo de bebidas alcoólicas em postos de gasolina, vetamos o descalabro do "álcool é alimento", temos de aplaudir. Quando buscamos a Lei Seca nas estradas e nos municípios mais violentos, e, quando o governo federal lança a Política Nacional sobre o Álcool, buscando reduzir as consequências do uso abusivo, mesmo que seja tímida, é porque avançamos!

E, quando suspendemos um folheto que ensina a usar drogas ou denunciamos que o carro da prefeitura que leva os pacientes para a reunião dos Alcoólicos Anónimos tem a grande estampa da cachaça produzida pelo município, é porque estamos atentos. Talvez seja "um sinal dos tempos" essa mobilização social. Talvez estejamos cansados de correr atrás da máquina e começamos a nos conscientizar que merecemos viver em uma sociedade mais saudável.

19/06/2007

*Capítulo 11*

# PARA VIVER MELHOR!

**A** Organização Mundial da Saúde tem solicitado aos profissionais das dependências químicas que se concentrem menos nas consequências do uso das substâncias psicoativas e mais em suas causas. Como sabemos, o uso do álcool e outras drogas tem fatores causais que, na maioria das vezes, estão entrelaçados. Mas é importante lembrar que biologia não é destino e que mais importante, quem sabe, são as causas psicológicas e sociais. O que esperar, por exemplo, de uma sociedade violenta? O que esperar de uma sociedade permissiva e tomada por comportamentos patológicos?

Há muito sabemos que a violência se reproduz, seja contra si ou contra a sociedade que lhe ensinou. A violência é para um grande número de pessoas uma situação traumática que leva a transtornos emocionais e comportamentos patológicos, que podem perdurar pela vida inteira. Se quisermos reduzir o abuso do álcool e o uso de outras drogas temos de nos ocupar, sim, com o bem-estar psicológico de nossas crianças e adolescentes, e também com o nosso. O comportamento abusivo dos adultos com as crianças gera, sim, traumas que levarão a comportamentos inexplicáveis do adulto sem que ninguém identifique as causas. Até porque, de acordo com o nosso ilustre dr. Iván Isquierdo, precisamos exercer a "arte de esquecer" para poder viver.

Só para citar uma das consequências do trauma, o Transtorno de Estresse Pós-Traumático (TEPT) pode dominar décadas ou toda a vida de uma pessoa que irá carregar sintomas e sofrimento, quando não mudanças importantes em sua personalidade. Quantos já foram assaltados, espancados, ou quantos nunca mais voltaram ao campo de futebol depois de vivenciarem uma briga feroz?

As agressões interpessoais, eventos previstos pelo dr. Shalev, um estudioso do TEPT, são de maior prevalência nos países do terceiro mundo. Quantos carregam essas imagens "sem paz"? Com as perdas súbitas e inesperadas, uma das causas importantes de estresse pós-traumático? Estima-se que cerca de metade das pessoas com TEPT tem algum transtorno por uso de substâncias, comparada com as 25% que não têm TEPT. Assim temos uma ideia da magnitude. Quantos tentam desesperadamente aliviar suas dores no álcool e demais drogas, sem sucesso?

Pois muito do abuso e da dependência nessas drogas tiveram início após uma vivência traumática. Quando tomamos atitudes para prevenir o abuso do álcool, a violência doméstica, o abuso infantil, as mortes no trânsito, a violência das ruas, a violência no futebol estamos também prevenindo o surgimento de traumas em crianças e adultos. Quando buscamos nossa rede social com familiares, amigos, colegas, ou mesmo terapeutas, estamos prevenindo inúmeros comportamentos e transtornos emocionais. Estamos buscando saúde mental, qualidade de vida, prazer de viver, porque todos merecemos isso.

27/07/2007

*Capítulo 12*

# CONSCIENTIZAÇÃO

**D**esde que li o oportuno editorial "Perigo ao volante" (*Zero Hora*, 28/07/2007) com o chamamento para que o "poder público e organizações da sociedade civil reforcem as alternativas de conscientização, para que seja possível repensar e mudar algumas concepções sobre o que é permitido ou não para quem dirige", fiquei a pensar no profundo significado da palavra "conscientização".

Com certeza passa pelo conhecimento, mas com certeza, também, perpassa o subjetivo. E me parece que aí reside a grande dificuldade. Quando podemos dizer que alguém está conscientizado? Quando muda seu comportamento? E em se tratando das dependências químicas com seus desvios de comportamento? Onde as consequências sociais são, na maioria dos casos, imediatas e impactantes?

Certamente que não podemos ficar somente na espera dessa almejada conscientização que, inclusive, pode não chegar nunca. Ter o conhecimento teórico das consequências não é suficiente, senão não veríamos médicos fumantes e, muito menos, um ídolo nacional entrando na sala de CNH após ter sua carteira suspensa por delitos de trânsito. E quando nos deparamos com o usuário que diz a plenos pulmões que sabe o que faz, que bebe, fuma ou "cheira" com o seu dinheiro, mas deixa a conta para a sociedade pagar?

Por isso, as "alternativas de conscientização" devem ser sistemáticas para que tenhamos resultados duradouros. É quando a legislação tem papel fundamental. Aliás, como já foi dito aqui os estudos da OMS comprovam que legislação e tarifação estão entre as medidas que mais reduzem o uso de substâncias psicoativas, em todo o mundo. Por isso, lamentamos que no momento atual o cigarro tenha escapado de nosso tarifaço. E isso comprova as muralhas de resistências que se erguem quando tratamos de substâncias psicoativas.

O conhecimento é importante? Sem a menor sombra de dúvida. Só que essa medida, sozinha, não reduz o uso de drogas. Pior, ainda, quando avaliamos conhecimentos sobre dependências químicas entre nossos adolescentes e encontramos que eles pensam que a maconha faz menos mal que o cigarro e desconhecem o teor alcoólico permitido por lei para dirigir. E muito menos sabem o que é beber moderado! Aliás, respondem como os adultos.

Enquanto muitos países, como a Espanha, injetam milhões de euros em programas de prevenção de drogas, no Brasil não há verbas. Pelo menos para isso. E, assim, a recente pesquisa da Associação Brasileira de Psiquiatria e de Ibope vem corroborar o conhecimento do cotidiano. Apenas 33% dos indivíduos com transtorno mental grave (64,5%), no qual se incluem os portadores por transtorno por uso de substâncias, conseguem ser atendidos em um mês na rede pública de saúde. Os outros precisam esperar meses e até anos, como a mídia tem noticiado. Em um mês, o usuário de substâncias psicoativas já fez tudo o que não podia fazer. Felizmente estamos conseguindo reduzir a mortalidade infantil, mas é possível que muitos desses sobreviventes estejam morrendo na adolescência pelas consequências sociais das drogas. Até quando?

26/10/2007

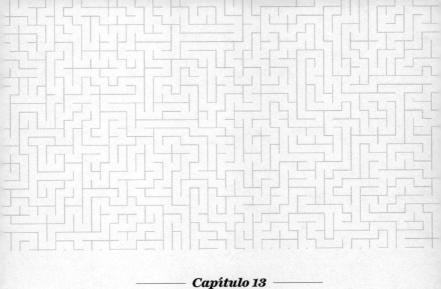

## Capítulo 13

# LAMENTÁVEL!

"**D**esceu quadrado", como disse Roberto Pompeu de Toledo. O governo recuou e retirou da pauta de votação do congresso, na semana passada, o projeto de lei que restringe a propaganda de bebidas alcoólicas durante o dia, às 9 horas da noite. Quando toda a sociedade esperava por isso. Quando todos estão "conscientizados" da necessidade de políticas públicas que restrinjam as nefastas consequências do uso abusivo do álcool. Quando, quase todos os municípios e estados brasileiros já aprovaram leis tentando impedir o beber desenfreado. E, quando, todos sabem do desastroso efeito do álcool sobre o cérebro em desenvolvimento dos adolescentes.

Em 2007, o I Levantamento Nacional sobre os padrões de consumo de álcool na população brasileira revelou que "a imensa maioria da popula-

*Gilda Pulcherio*

ção geral adulta apoia o aumento de programas preventivos (92%). Que o brasileiro apoia as políticas públicas do álcool, tanto aquelas voltadas para o aumento do tratamento e da prevenção/educação como aquelas mais restritivas".

Inúmeras medidas são tomadas, ao que surge o PARA – Programa de Ações Relativas ao Álcool, promovido pela Associação Médica do Rio Grande do Sul (AMRIGS) em parceria com o Departamento de Dependência Química da Associação de Psiquiatria do Rio Grande do Sul, à semelhança do Fumo Zero.

Cadastram-se para receber a *newsletter* do Instituto de Prevenção e Pesquisa em Álcool e outras Dependências (IPPAD), brasileiros do Acre ao Rio Grande do Sul, passando por todos os demais estados. Enfim, a sociedade está atenta, participativa e quer mudanças nesta área.

Então, quando chega a notícia de que o projeto não foi votado, é aquele "não acredito!". Eles são terríveis. Os congressistas escolheram a cerveja em vez de escolherem seu povo. De nada adiantou o milhão de assinaturas de todo o Brasil apoiando a restrição da propaganda durante o dia, nem os milhares de e-mails enviados país afora. Porque "falou mais forte o *lobby* da cerveja, representado pela coligação que reúne fabricantes, agências de publicidade e emissoras de televisão. Num congresso coalhado de proprietários de emissoras de TV (eta, Brasil)".

Até quando? Esse é um daqueles momentos humanos em que a vontade é desistir, atirar tudo pelos ares. Parece que tudo é em vão. Mas isso é tudo que o *lobby* da cerveja quer. E então, novo ânimo! Temos de continuar, aumentar a mobilização e não esquecer a belíssima música de nosso Chico: "Amanhã será outro dia...", que muitos congressistas devem ter cantado!

24/05/2008

*Capítulo 14*

# 26 DE JUNHO

**D**ia Mundial de Combate às Drogas. Porto Alegre segue liderando as pesquisas sobre o uso de drogas pelos jovens. Há um mês me telefonou um repórter da *Folha de São Paulo* buscando entender o que estava acontecendo com os nossos adolescentes. Ele preparava um caderno sobre o jovem brasileiro e, especificamente, sobre o uso de drogas com os resultados de uma pesquisa recente de cunho nacional. Os jovens da região Sul e, principalmente, de Porto Alegre apresentavam os mais altos índices de uso de drogas. Ele solicitava explicações para esse fenômeno.

Há justificativas que não passem pela permissividade dos adultos e falta de fiscalização dos pais? Felizmente neste ano, soube-se de inúmeras situações por este país em que pais reclamaram das escolas e proibiram seus filhos do "quentão" com vinho. Realmente estamos avançando.

Mas neste 26 de junho de 2008, o Rio Grande do Sul não tem só lamentos. Tem o que comemorar! Comemorar o fim da consumação, a restrição do fumo em ambientes fechados, o veto para "álcool é alimento", a Lei Seca nas estradas, a proibição do consumo de bebidas alcoólicas em postos de gasolina, a proibição do consumo de bebidas alcoólicas em estádios de futebol e, agora, tolerância zero para o álcool no trânsito. E quando se fala no teste do bafômetro, lembramos o antigo e sábio ditado: "Quem não deve não teme".

Também lembramos a opinião de *Zero Hora* (26/12/2007): "No meio do morticínio do trânsito no feriadão de Natal, que só no Rio Grande do Sul já registra mais de três dezenas de vidas interrompidas, na Espanha o percentual de mortes em acidentes automobilísticos foi reduzido em 80% depois que o governo adotou penalizações severas para motoristas infratores. A Espanha, que tinha um dos maiores índices de mortes no trânsito em toda a Europa, agora é exemplo para os países vizinhos".

Quando *Zero Hora* noticia "RS lidera detenções por álcool na direção" pela primeira vez estamos à frente nas desastrosas consequências do uso abusivo do álcool. E por que não ser um exemplo para o país?

E nunca é demais o lembrete: as "maravilhosas" propriedades do vinho tinto não estão no álcool e sim na casca da uva preta!

26/06/2008

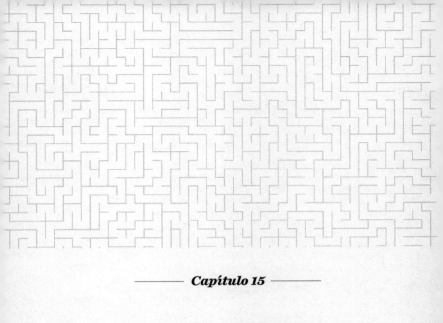

*Capítulo 15*

# ATÉ QUANDO?

Recentemente tivemos notícia das mortes de dois jovens, um gaúcho e uma paulista, que sucumbiram após festas com ingestão de drogas, sejam elas lícitas ou ilícitas. Nessa ocasião, telefonou-me um jornalista de São Paulo que preparava uma matéria sobre as *raves*, perguntando se o Rio Grande do Sul, a exemplo de Santa Catarina, não dispunha de lei que proibisse a organização de *raves*. Tive de lhe responder com um solene "não!" E que desconhecia algum movimento neste sentido.

Coincidentemente, eu lia o belo livro do médico Bernard Lown, *A Arte Perdida de Curar*. No capítulo sobre o lidar com a morte, Lown diz: "Vasta aparelhagem entra em ação para servir mais à morte do que à vida". Então me pus a pensar o quanto repudiamos liberar para a morte alguém que esteja só esperando por ela, mas faci-

*Gilda Pulcherio*  107

litamos, e até estimulamos como no caso do álcool, que jovens saudáveis com todo o futuro pela frente possam ir ao seu encontro em festas fartamente regadas a drogas e avalizadas por nós. Realmente é uma grande contradição.

Isso escancara a falta de empenho político em programas de prevenção ao uso de drogas em nosso país. Os pais não falam com seus filhos sobre drogas e as escolas oferecem, no máximo, algumas palestras ou oficinas no decorrer de um ano inteiro. Dá para aprender alguma coisa assim? Disciplina sobre drogas, nem pensar. Justo quando estudos brasileiros mostram que o conhecimento sobre as consequências do uso de drogas ilícitas, com o álcool não é assim, é um dos mais importantes fatores para a prevenção do uso entre jovens. Criamos alguns leitos para dependentes somente depois de muita pressão da sociedade.

Em uma palestra, uma mãe nos contou que se sentia completamente desamparada em relação ao filho dependente de crack. Quando ele ficava sem dinheiro "ia para as sinaleiras pedir moedas para comprar cola". Quando ele ficava agressivo ela "o acorrentava em casa e a polícia dizia que devia soltá-lo ou iria presa, que devia interná-lo!". "Se o levava para o posto diziam que não havia vagas para a internação", relatou a mãe.

Até quando vamos viver assim? Onde está o nosso empenho pela vida? Temos uma lei que proíbe dirigir após ingestão de álcool. Mas o que temos ouvido são depoimentos de donos de bares e restaurantes, assim como dos bebedores, de que não há mais preocupação com essa lei. Não há mais fiscalização como ocorria meses atrás. Realmente estamos precisando de pessoas empenhadas em servir à vida e não à morte.

Bernard Lown lembra a compositora e cantora Joan Baez: "A gente não pode escolher como vai morrer. Nem quando. Só se pode decidir como se vai viver"!

06/01/2009

*Capítulo 16*

# É DE SE FESTEJAR!

**C**om essas palavras, João Fortini Albano, especialista em transporte, comemorou a queda de 10,8% de mortes em nosso trânsito. Ele acredita que campanhas educativas e fiscalização, como as ações da Lei Seca, possam estar funcionando, embora deixe clara a possibilidade de ser algo pontual (*Zero Hora,* 16/08). Não importa. Tivemos menos mortes e, certamente, mais fiscalização do álcool ao volante.

Agora o governo está disposto a fiscalizar a venda de bebidas alcoólicas para menores. Finalmente! Há muito a sociedade espera por isso. Como dissemos em *Zero Hora* em 25 de junho de 2005: "Se quisermos prevenir o uso de outras drogas, o abandono de crianças, os homicídios, o abuso sexual infantil, a violência doméstica, mortes no trânsito, temos que prevenir o uso de álcool

*Gilda Pulcherio*  113

por nossas crianças e adolescentes. Até porque há uma proibição legal e um custo penal".

E no *Zero Hora* de 29 de abril de 2006: "Há trinta anos a Organização Mundial da Saúde, OMS, coordena um projeto que analisa as evidências sobre as políticas públicas que se mostram eficazes na redução do consumo do álcool. E qual a estratégia que mais tem funcionado? Legislação! O conhecimento das consequências do abuso do álcool, que tanto empregamos como prevenção e é necessário, não diminui o consumo alcoólico. O que faz as pessoas beberem menos é diminuir sua disponibilidade o que, penso, não deve ser novidade".

"Então... quando aprovamos o fim da consumação, restringimos o fumo em recintos fechados, impedimos o consumo de bebidas alcoólicas em postos de gasolina, vetamos o descalabro do 'álcool é alimento', temos que aplaudir. Quando buscamos a Lei Seca nas estradas e nos municípios mais violentos, e, quando o governo federal lança a Política Nacional sobre o Álcool, buscando reduzir as consequências do uso abusivo, mesmo que seja tímida, é porque avançamos! E, quando suspendemos um folheto que ensina a usar drogas ou denunciamos que o carro da prefeitura que leva os pacientes para a reunião dos AA tem a grande estampa da cachaça produzida pelo município, é porque estamos atentos. Talvez seja 'um sinal dos tempos' esta mobilização social. Talvez estejamos cansados de correr atrás da máquina e começamos a nos conscientizar que merecemos viver em uma sociedade mais saudável" (*Zero Hora*, 19/06/2007).

O VI Levantamento Nacional sobre o Consumo de Drogas entre Estudantes do Ensino Fundamental e Médio da Rede Pública e Privada nas Capitais Brasileiras concluído em 2010 mostrou, em comparação a 2004, uma redução de 35,1% no consumo de álcool entre os estudantes da rede pública.

Continuamos caminhando e pelo visto todos nós temos nos esforçado, não?

24/08/2011

Impresso por :

*Graphieen*
gráfica e editora

Tel.:11 2769-9056